研修では教えてくれない
会社で働く人の常識110

169 WAYS TO SCORE POINTS WITH YOUR BOSS

アラン・ショーンバーグ
Alan R. Schonberg
弓場 隆＝訳
Takashi Yumiba

Discover
ディスカヴァー

非常に洞察に富み、やる気を高めてくれる本だ。
著者の提案する原則とアドバイスはとても実用的である。
本書を読めば、仕事のしかたとキャリアに大きな違いが出てくるだろう。
素晴らしい一冊である。

スティーブ・フォーブス（フォーブス社CEO）

はじめに

私は、人材紹介会社の経営者として、
「優秀な人材と認められるためには何が必要だと思うか？」
「上司や経営者から高く評価されるにはどうしたらよいか？」
という質問をよく受けます。

このような質問に対して、抽象的な答えをしても意味がありません。日ごろのさまざまな言動の積み重ねが、「できる社員」という評価を招くのですから。

そこで私は、このテーマについて一冊の本を書くことを思い立ちました。私も自分なりの考えを持っていますが、この機会に他の人たちの専門知識を引き出して集大成しておこうとも思いました。

まず手始めに、当社の幹部たちの頭脳を借りることにしました。なんと言っても、彼らは全米のほとんどすべての業界に50万人以上の中間・上級管理職を送り込んだ実績を持っているからです。

次に私は、数千人の雇用者と求職者に日ごろ接している当社の男女約3500人の社員を対象に調査を開始しました。さらに、大勢のクライアントの中から全米の有力企業のCEO、上級管理職、人事担当役員を選んで調査しました。その結果、たいへん多くの意見をまとめることができました。

上司から高く評価されることは常に必要ですが、激変する今日のビジネス社会ではその重要性はさらに増しています。現代の労働環境では、もはや終身雇用は保障されていないからです。

実際、あなたはこれからの数十年間に勤め先を何回か変えることになるかもしれません。しかしどこで働こうとも、常に上司がいることを肝に銘じましょう。あなた自身が上司になってからでも同じです。

雇用不安のおもな原因が「人員整理（リストラ）」にあると主張する人もいますが、

私はむしろ「人員の適正化」と呼ぶべきだと思っています。科学技術の進歩にともなって、ある種の技能は不要となり、別の技能が必要となるのは当然の成り行きだからです。

しかしそうであっても、変化に適応できる人は自分の仕事に責任を持ち、会社に不可欠な存在になります。彼らはどこの会社でも立派に通用する技能を開発することによって、みずからの雇用の安定を保障します。

本書には、会社という組織に属する人間として成功するためのアイデアが書かれています。どれをとっても有効性は確認済みです。とはいえ、本書のすべての提案があなたの状況にあてはまるとはかぎりません。うまくいきそうだと思う提案だけを選んでください。

今後も企業の中で生き残って成功を勝ちとるために、本書を熟読することをお勧めします。本書は、全米で最も知識の豊富な管理職や経営陣の知恵の集大成です。読者の皆さまに貴重な情報を提供することを確信しています。

アラン・ショーンバーグ

PART 1

できる社員は「基本」を押さえている

PART 2

できる社員は「仕事」のツボをはずさない

PART 3

できる社員は「チームワーク」を忘れない

PART 4 できる社員は「上司」の立場で考える

PART 5

できる社員は「会社」を愛する

PART 6

「もっとできる社員」はここが違う

PART 1

できる社員は「基本」を押さえている

1

定時より早く出社し、定時より遅く退社せよ

あなたが就業時間中に時間を浪費すると、会社は、あなたが稼いでいないお金を支払うことになる。たとえば、毎日10分遅刻し、定時より5分早く退社する社員の場合、週に75分間の怠慢に対しても賃金が支払われてしまう。

それくらいたいしたことはないと思うかもしれないが、年間50週で計算すると62時間30分にもなるのである。1時間当たり2000円の給料をもらっているなら、「怠慢手当」は年に12万5000円も発生する。

たかが数分間でも、それに対して支払われる賃金は積もり積もれば大金になる。社長は、失われた時間の対価がどれくらいになるか常に意識している。あなただって、もし自分の財布から社員の給料を支払うなら、同じ気持ちになるはずだ。

「時は金なり」と肝に銘じ、給料以上の仕事をしよう。毎日、定時より早く出社し、定時より遅く退社するという心構えが大切だ。

2

服装は自分の趣味ではなく職場に合わせよ

「本は表紙で判断するな」ということわざとは裏腹に、人びとは本を表紙で判断する。同様に、職場で適切な服装をすることは、現在の仕事にとって大切なだけでなく、あなたの将来をも左右する。それを心に銘記し、**明確な服装規定がなくても、適切な服装をすることは最低限の心得だ。**

不適切な服装をするのは、あなたにとって不利になる。一般に、ビジネスの世界では、地味な服装が正解である。たとえば銀行・証券業界の服装規定について考えてみてほしい。それらの業界ではダークスーツが尊敬と信頼を得る。それに対しファッションやテレビ、雑誌などの世界では、より大胆で派手な服装が適切かもしれない。

要は、どの業界でも、自分の個人的な趣味とは関係なく、職場に合った服装をすることが得策だということである。

3

目上の人が入ってきたら起立せよ

何世紀にもわたって、重要人物が現れたときは敬意を表するために起立すべきだとされてきた。あなたが男性であれ女性であれ、その習慣を身につけるべきだ。それは世界中どこでも実践されている儀礼なのだから。

重要人物だけでなく年配の人が部屋に入ってきたときも、起立しよう。一部の人はあなたを古風だとか、保守的だとか、ひどい場合は「時代遅れ」だと言うかもしれないが、気にしないことである。**相手に礼儀正しさと敬意を示すのが時代遅れだなどということは決してない。**

4

速く歩け

速いペースで歩くことによって、あなたは強い目的意識を持って働く人物という印象を周囲に与えることができる。逆に、のろのろと歩くと、目標を持たず、仕事に身が入らない怠惰な人物という印象を与えてしまう。

このように、歩く速度は、周囲の人たちに異なる印象を与える。軍隊では、忙しそうにしていると、誰もが嫌がる「雑用係」を免除される。もちろん職場は軍隊と同じではないが、類似点はある。のろのろと歩く人は、いい加減な仕事しかできない無責任な人物という印象を与えるからだ。

通常より2割速いペースで歩いてみよう。目的地に2割早い時間で到着できるだけでなく、まかされる仕事のレベルが2割アップするはずだ。

5

言葉づかいに注意せよ

職場では、下品な言葉づかいが不適切であることは言うまでもない。同僚が下品な言葉づかいをしていても、あなたはそれを真似しないほうが無難だ。**仲間意識を持つことは大切だが、プロ意識を忘れてはいけない。**

また、仲間どうしで専門用語を使うことはかまわないが、外部の人にそれを使うのは不適切である。相手は不快に思うだけでなく、あなたの言っていることが理解できないだろうから。

6

机の上を整理せよ

完璧な服装をしている人が散らかった机で仕事をしているというのは、興味深い現象ではないか? 机の上を整理すべき理由は2つある。まず、整理ができていないのは時間の浪費につながるからである。「整理ができていなくても、どこに何があるかはわかっている」と反論する人もいるだろう。**しかし、きちんと整理ができていれば、もっと効率的に働けるはずだ。**

次に、誰かが会社を訪問してきたときに、あなたがだらしない人という印象を与えるおそれがあるからである。家と同様、机はあなたの人間性を映し出しているのだ。

上司が整理整頓を心がけているなら、あなたが机の上を整理することはとくに重要だ。一般に、そういう上司は、机の上が散らかっている部下にあまり寛容ではない。

たとえ机の上が台風に見舞われたようになっている上司でも、あなたの散らかった机の上を見て称賛することは絶対にないのである。

7

約束した以上の仕事をせよ

約束を守ることを常に心がけよう。ビジネスの世界では、自分の約束を守ることは、信頼されるために必要な条件である。

さらにそれを一歩進めて、約束した以上のものを提供することだ。そうすることによって、上司の評価を高めることができる。

そもそも上司はあなたが約束を守ることを当然のことと思っている。それ以下のものしか提供できないようでは、評価が下がっても仕方がない。

有能な人は、周囲の期待を超えるように常に努力している。あなたもそういう人の仲間入りをするべきだ。そうすれば、必ず期待に応えてくれるという評判が確立し、上司は重要な仕事をあなたにまかせるようになる。

ただし、自分にできることの範囲については現実的になる必要がある。自分の能力をはるかに超える仕事を抱えると、期待を上回るどころか、大きく下回ってしまうことになりかねない。

ここでひとこと。現在の地位を維持したいだけなら、自分に要求されていることを100パーセント実行しよう。しかし、昇進したいなら、自分に要求されていることを120パーセント実行しよう。模範的な仕事ぶりは必ず評価される。

＝約束した以上の仕事をするための3つの気構え＝

1 **自分の能力に自信を持つ**

2 **期日を守るだけでなく、期日より前に仕上げる**

3 **数値目標を設定されたら、それを達成するだけでなく、それを超える**

8

みずから進んで残業せよ

できる社員をめざすなら、上司の仕事ぶりを見習うべきである。幹部社員はみずから進んで長時間労働をしている。彼らは早く出社して遅く退社する。実際、週40時間しか働かない幹部社員は少ないはずだ。

進んで長時間労働をすることによって、あなたは上司から非常に高い評価を得ることができる。その反対に、退社時間の15分前に帰る準備を始めて、退社時間が来たら一目散に帰ってしまう部下を目の当たりにすると、上司は本当にがっかりするものだ。社員のこういう行動は、「私は情熱と献身の心を持ち合わせていません」と宣言しているのと同じことなのである。

あなたが自主的に残業をし、犠牲を払ってでも会社に貢献しようとするなら、上司は感激するはずだ。あなたは何も言葉にして言う必要はない。あなたの行動が、会社への忠誠心と仕事への情熱を雄弁に物語っているのだから。

9

残業を命じられたら喜んでせよ

みずから進んで残業しないとしても、残業を上司から命じられたら、嫌な顔をしてはいけない。元気よく返事をして引き受けるべきだ。

「残業をさせられた」などと被害者的な言い方をする部下は、上司を本当にうんざりさせることになる。予定していたことが残業のためにできなくなったなどと不満をこぼそうものなら、上司はあなたへの評価を大幅に下げざるをえない。

とくに新卒の社員は、進んで長時間労働をするつもりでいることを行動で示すべきである。そうすることによって、経験不足を努力と熱意で埋め合わせようとしていることを示せるからだ。

現実を直視しよう。新人のうちは能力が未熟だから、会社への貢献度も非常に低いのが実情だ。したがって、残業をすることによって、あなたは情熱的な姿勢で賃金分の働きをするつもりでいることを実証できるのである。

10

会社のお金を浪費するな

交通費や接待費を会社の経費として落とす場合は、自分のお金を使うつもりで倹約すべきである。理由は3つある。

第一に、ぜいたくをするのはお金の無駄づかいにほかならない。社員が会社のお金を無駄づかいするのを許す企業など、どこにも存在しない。

第二に、上司はあなたより経験が豊富だから、物の値段を知っている。それだけに、経費の無駄づかいには神経をとがらせているのだ。上司があなたの無駄づかいを高く評価するようなことは絶対にない。

第三に、会社のお金を無駄づかいするなら、あなたは信頼できない人物であることを証明していることになる。

最後にもうひとこと。お金に関する不誠実な態度の代償は高くつく。浪費は失業につながるおそれがあることを、くれぐれも忘れないように！

11

上司の話はメモをとりながら聞け

上司と話をするときは、必ずノートを持っていく習慣を身につけよう。重要なことや複雑なことを書きとめておく必要がいつ生じるかわからない。

課題であれ、約束事であれ、たんなる記録であれ、メモをとる価値はきっとある。また、こういった気配りは、いずれ上司の目にとまる。上司は自分の言っていることがメモする価値があると思われていることを知って喜ぶはずだ。

12

不平を言うのではなく、解決策を示せ

不平を言ってばかりで解決策を示さない人がいる。しかし、そういう態度はうっとうしいだけでなく、非生産的であり、社内の士気をくじくものだ。

上司に不平を言いに行くとき、それは上司がすでに知っていることである可能性が高い。**上司があなたに求めているのは、問題を指摘することではなく解決策を示すことなのである。**

解決策を示さずに問題を指摘するだけの社員は、「ネガティブな人物」という烙印を押される。問題を見つけたら指摘するのはよいが、同時に、それを解決するための現実的な方法を提案すべきだ。そうすれば、周囲の人たちから一目置かれる存在になれるだろう。

13

個人的な問題を職場に持ち込むな

自分の個人的な悩みを職場に持ち込んではいけない。プライベートでどんな問題が発生しても、周囲の人には何の関係もないことだからだ。

個人的な悩みを職場に持ち込まないほうがよい理由はもう1つある。あなたは自分が不幸で弱々しい人間だとは思われたくないはずだ。できれば、幸福でたくましい人間だと思われたいだろう。個人的な悩みを職場で打ち明けることは、あなたにとって好ましいイメージにはつながらないのだ。

悩みを抱えているのは、あなただけではない。誰でも悩みの1つや2つは持っている。しかし賢い人は、それを自分の心の中にしまっているのである。職場は仕事をする場所であって、人びとは職務に専念している。**給料をもらって働いている人たちの集中を、あなたの個人的な悩みで妨げてはいけない。**

14

雑談は最小限にとどめよ

貴重な時間を浪費する対象はいろいろある。その最たるものが雑談だ。しかし、他のものと異なるのは、雑談は一人ではなく複数の人の時間を浪費させてしまうことである。雑談は情報交換とは違う。スポーツやテレビ、政治などの話題に夢中になることは、情報交換とは何の関係もないのだ。**そういう会話を職場でするなら、あなたは自分の時間だけでなく相手の時間をも浪費していることになる。**

さらに、電子メールやインターネットについても同様だ。それらは素晴らしい通信手段だが、仕事と関係のない電子メールやネットサーフィンを勤務時間中にしては、絶対にいけない。

雑談を避ける6つの秘訣

1 会話を仕事の話に限定する
2 どの会議にも制限時間を設定する
3 簡単な打ち合わせの際は椅子に座らない
4 私用電話をしたり、個人的な電子メールのやりとりをしたりしない
5 電話のそばにタイマーや砂時計を置いて会話の時間を5分以内にとどめる
6 雑談をしたがっている同僚には、「仕事の期限が迫っている」「面会の約束がある」「会議の準備で忙しい」とクギを刺す

15

顧客から給料をいただいていると思え

すべての事業には顧客が存在する。顧客が存在するから事業が存続するのだ。自分の仕事が顧客にどのように影響するか？　それを理解するよう努めることが、あなたの最大の利益になる。

顧客のニーズに関心を持つことは、営業部員だけの責任ではない。担当部署が経理であれ、郵便室であれ、倉庫であれ、**顧客にさらに奉仕するには自分の仕事をどう改善すればよいかを考えるべきだ。**業務内容に関係なく、顧客への奉仕があなたの仕事なのだ。

どうすれば顧客満足を高められるかを十分に理解して初めて、自分の仕事能力を最大限に発揮できる。顧客は社長よりもさらに上にいると考えよう。あなたの給料は元をたどれば顧客が支払ったお金なのだから。

16

顧客を感動させよ

前項で述べたように、「顧客満足」は現代の企業社会のキーワードである。しかし、ただ「満足」させるだけでは不十分だ。そのうえに「感動」させてこそ、あなたの会社はライバルとの競争に勝てるのである。

顧客を感動させる方法は単純明快だ。まず、顧客が常に優先することを肝に銘じることである。次に、顧客に卓越したサービスを提供することだ。そうすれば、顧客は生涯にわたってずっと買い続けてくれる。顧客の感動は紹介客とリピート客を生み、それが企業の発展の基礎になる。経営者が顧客の称賛の声を聞くのが好きな理由は、それが得意客の増加の前兆だからだ。

要するに、真心をこめて顧客に接することが大切なのである。

17

自社製品を使用せよ

自社製品を使って自分が勤める会社を支援することは、会社への忠誠心の証しである。

それによって自分の仕事に誇りを持っていることを上司や経営者に知らせることができる。また、あなたの家族や友人、近所の人たちにも、あなたの会社に対して好感を持ってもらうことができる。

それとは逆に、競合他社の製品を使うことは、経営者をはじめ上司や同僚への侮辱であり裏切り行為である。自社製品に愛情を示す社員は、「親善大使」としての役割を果たしている。しかも、顧客の立場に立って考えることができるから、改善が必要な部分を敏感に察知することができるのである。

18

自分の健康に責任を持て

仕事上、健康を維持することによって得をするのは、プロのスポーツ選手だけではない。引き締まった体がもたらす恩恵は、外見がよいというだけではない。

食生活に気をつけて定期的に運動している人と比べると、外見をなおざりにする人は節制を怠っているような印象を与えてしまうのだ。

あなたが長時間働いても元気なら、上司は高く評価するはずである。健康でない人は、一日の途中で疲れて精彩を欠いてしまう。仕事も休みがちになる。欠勤を歓迎する上司など、どこにもいない。

健康維持に努めている人は、ポジティブな自己イメージを持っている。あなたのポジティブな自己イメージは、上司を含めて周囲の人たちに伝染するだろう。また、気分も外見もさわやかな人は、自信にあふれ、人びとを引きつけるのである。

19

「ここだけの話」を口外するな

単刀直入に言おう。秘密をベラベラしゃべってはいけない。相手から「ここだけの話ですよ」と言われたら、あなたはそれを秘密にしておく義務があるのだ。

約束を守らないなら、相手の信頼を裏切ったことになる。秘密を守ることは、職場の内でも外でも道義的責任である。

職場ではそれだけではすまないことがある。情報を漏らすと問題を引き起こすことがあるからだ。企業秘密を顧客や競争相手に伝えると、会社に甚大な被害をもたらしかねない。

あなたが上司から企業秘密として教えられた情報を第三者に話せば、上司はどう思うだろう？　あなたをうわさ好きだと思う程度ならまだましだが、裏切り者として責任を追及することもある。いずれの場合でも、上司はあなたを信用しなくなるから、あなたには二度と重要情報を伝えないだろう。

20

会社の宴会では羽目をはずすな

会社の宴会で羽目をはずしてはいけない。**職場から離れていても一種の仕事であることを肝に銘じよう。**こういう場で羽目をはずして、次の月曜日に職場で後悔している人があまりにも多いのが実情である。

みっともない行動の最たるものが、酔っぱらうことだ。飲食費が会社持ちだと、いくらでも飲む人がいる。しかし、酔っ払ってしまうほど飲んではいけない！

職場から離れた気楽な環境で、とくにお酒を飲んだあとでは、部下が上司や同僚になれなれしくし過ぎることがよくある。ついつい羽目をはずしてしまいやすいのだ。もちろん、宴会は楽しく過ごす場だが、あとで後悔するようなことをしてはいけない。節度をわきまえよう。

宴会で楽しく過ごすためには、専門分野の話は控えめにし、同僚と議論するのは避けるべきだ。みんなで楽しく過ごすためにできることは、ほかにいくらでもある。

PART 2

できる社員は「仕事」のツボをはずさない

21

仕事は自分から買って出よ

期待されていることをするだけでは、できる社員とはいえない。今日の激しい競争社会では、たんに仕事をこなしていくというのでは生き残れないのだ。上司に与えられた仕事をすべてこなすだけでなく、さらに重い責任を持つために積極的に行動しなければならない。

つまり、通常の仕事量をこなすのに加えて、さらに多くの仕事を自主的に引き受けることである。上司が仕事を回さないなら、あなたはみずから進んで多くの仕事を引き受けなければならない。そうすれば、あなたへの上司の評価は高まるはずだ。

平均的な社員は首を振って「多くの仕事を買って出るなんてばかばかしい」と言うだろう。しかし、それだから平均的な社員にとどまるのである。

できる社員は進んで代償を払う。それは確かに容易なことではない。しかし、価値のあることで容易なことなどめったにない。そのことを忘れないでほしい。

22

小さなことでも最後までやり遂げよ

ＣＥＯから副社長、営業部員、商品発送係にいたるまで、すべての社員は職務の大小に関係なく、自分の仕事をしっかり遂行する責任がある。

多くの人は小さなことをやり遂げないことがよくある。忙しい役員が納入業者に折り返し電話をしないとき。営業部員が約束どおりパンフレットを送らないとき。そんなとき必ず誰かが失望している。他人をいつもがっかりさせている人は、私たちの周りに何人もいるはずだ。

物事を最後までやり遂げる人は希少価値であり、頼りになる存在だ。つまり、大きな業績はあげられなくても、小さな業績を積み重ねることによって、上司の信頼を勝ちとることができるのである。

23

雑用を進んでせよ

優秀なリーダーは部下の模範となることを心がけている。自分が進んで汗をかくことを部下に示し、「君たちにもできる」というメッセージを発しているのだ。

自分は重要人物だから雑用などする必要はないと考えるなら、それは傲慢な態度である。優秀なリーダーは自分でコピーをとるなど、さまざまな雑用をしているはずだ。

会議の際に椅子が足りず、一部の人が立ったままでいるとき、取締役の中には、別の部屋から椅子を運んでくる人がいたりする。その人は周囲からどう思われようと気にしていないし、雑用をすることが自分の尊厳を傷つけるとは感じていない。その人が望んでいるのは、会議をこれ以上遅らせないことなのだ。

率先して雑用をすることは、自分が積極的に物事にとり組む誠実な人物であることの証しである。**小さい仕事に進んでとり組めないような人物が、大きい仕事にとり組めると期待できるだろうか？**

24

何でも屋になれ

今日の厳しい競争社会では、多くの才能を持っている人のほうがスペシャリストより生き残りやすいと言える。企業が効率的な経営のために人員の適正化をはかっている状況では、これまでは必要とされていなかった多くの技能を身につけなければならない。**多くの技能を身につけることによって、あなたは会社における自分の価値を高めることができるからだ。**科学技術が激変するなか、スペシャリストは一夜にして使い物にならなくなるおそれがある。

何でも屋になり、自社の多くの側面を知ることによって、あなたはより貴重な人材になることができる。それはなぜか？　まず、自分の職務以外のことには関知していない社員には見えない全体像が見えるからだ。次に、何でも屋になることによって、他の誰かのピンチヒッターになることができるからだ。

25

自分の専門分野について絶えず学び続けよ

今までどれだけ成功してきたかに関係なく、みずからの専門分野における最新のトレンドと進歩を把握し続けることは不可欠だ。**仕事のプロは現状に満足しない。慢心は命とりになることを知っているからである。**

同じことを続けようと思っている人は、いずれ時代遅れになる。自分の業界のことについて一日に30分は本や雑誌を読む習慣をつけよう。また、自分の能力をさらに開発して競争力をつけるために、各種のセミナーを受講しよう。知識を広げることができるだけではない。いろいろな人との交流を深めて意見を交換できるというメリットもある。

成功者は、自分が成功するためにしてきたことを絶対にやめない。生涯学習の一環として、あなたは自分の専門分野の変化についていき、同僚と意見を交換し、自分の仕事をさらにうまく成し遂げる方法を見つけなければならない。あなたがそういう努力をするとき、上司はあなたの意欲を評価してくれるはずだ。

26

仕事の細部に注意を払え

「ゾウをどうやって食べるか？」という謎々がある。答えは「一回に一口ずつ食べる」だ。ビジネスの世界では、全体を見るだけでなく細部に注意を払うことが成功をもたらす。私たちは長期的な目標に意識を向けるあまり、それにいたる過程で、小さいけれど大切なことを見落としがちである。**大きなプロジェクトは細かく分割することによって成し遂げられることを忘れてはいけない。**

中国のことわざに「千里の道も一歩から」というのがある。大きなビルもレンガを1つずつ積んで建てられる。フットボールではワンプレーずつ勝利に近づく。本も1字ずつ書かれる。

細部に注意を払わなければ、卓越した業績をあげることはできない。長期的な目標を達成するには、毎日の仕事を1つずつこなしていく能力が必要なのだ。

27

完全主義は捨てよ

仕事がもう完成しているのに、いつ作業を打ち切ってよいのかわからない人がいる。それ以上の時間をかけるだけの価値はないのに、わずかな改善を続けるのである。次の重要な仕事になかなかとりかからずに、終わった仕事のことで悩み続ける。その結果、なんの意味もない些細な箇所の変更作業に膨大な時間をかけてしまうのだ。

上司や顧客は、何が改善されたか気づかないだろう。ましてや、それを成し遂げるのにかかった余計な経費を高く評価することはありえない。

ここで覚えておこう。**ほとんどの場合、完全であることは要求されていないし、実際問題として、それは不可能なのだ。**

28

一番よいアイデアだけを提案せよ

ブレーンストーミング以外の場では、不完全なアイデアを数多く出すより、一番よいアイデアだけを上司に提案することだ。なぜなら、いろいろなアイデアを出すと、悪いアイデアが目立ってしまいがちだからである。

要するに、上司に提案するアイデアは少ないほどよい。選択肢を多く提示すればするほど、上司がその中で一番よいアイデアを採用する確率は低くなる。上司にとって多くのアイデアを聞くのは時間のかかる仕事だ。提案が多すぎると、意思決定を遅らせることになりかねない。さらに、多くのアイデアを提案すると、悪いアイデアが混じっている危険があるから、信頼をそこねるおそれがある。

上司にアイデアを提案するとき、大切なのはアイデアの量ではなく質であることを肝に銘じよう。あなたの提案の多くが上司から高い評価を得る良質のものであっても、たった1つの不適切なアイデアのためにそれを台無しにするのは避けなければならない。

29

会議には準備をして出席せよ

会議に出る前には、準備をしっかりしておこう。前もって配布されているはずの議題一覧と関連書類を読み、それらを会議に持参して積極的に参加することが大切だ。

準備をしないというのは失礼なことである。すでに知っているべきことを周囲の人に教えてもらうことになるからだ。

準備をしてきた人たちは、あなたのために時間を浪費させられたと感じるだろう。そのようなことをしないですんだとしても、話し合いにちゃんと参加できないのは言うまでもない。座っているだけで何も貢献しないなら、会社に何の利益ももたらさない存在になってしまう。

十分な準備をしてから会議に出席することによって、思いつきの質問ではなく思慮深い質問をすることができる。そうすれば、あまり準備をしていない人よりはるかに優位に立つことができるはずだ。

═ 会議を有意義なものにする10の方法 ═

1　積極的に参加できるような準備をして会議に臨む
2　議題がわかっているなら、しっかり予習しておく
3　自分の意見をまとめ、データや調査によって根拠を明示する
4　定刻にはすでに着席している
5　メモをとる
6　すべての発言者に神経を集中し、目を合わせる
7　興味がないときでも興味があるように振る舞う
8　本題からそれた、意味のない話題については言及しない
9　反対意見を述べるときは感情的にならない
10　いかなる状況のもとでも、上司の立場を悪くするようなことを言わない

30

ミスから学べ

仕事でミスを犯すのは避けられない。些細なミスもあるだろうが、大きなミスを犯して苦境に立たされることもあるかもしれない。

完全な人は一人もいない。実際、上司もあなたがミスを犯すことは考えに入れているはずだ。だから、自分がミスを犯したことを認めないほど傲慢になってはいけない。

大切なのは、自分が犯したミスにどう対処するかということなのだ。

「人はミスを犯すことによって最も貴重な教訓を学ぶ」と言われる。エジソンは電球を発明するために2万5000回も実験を重ねた。2万5000回も失敗したのに、あきらめなかった秘訣をたずねられ、「2万5000回も失敗したのではない。うまくいかない2万5000通りの方法を見つけるのに成功したのだよ」と答えている。

他の人たちが失敗だと思うことでも、エジソンはよりよい方法を見つけるきっかけにした。人は誰でもミスを犯す。成功者は自分のミスを成長の糧にするのである。

31

自分のミスを認めよ

あなたがミスを認めるのがつらいとしたら、ミスを認めるのが弱さの証しだと思っているからではないか？　そんなことはない。

ミスを認めるのは強さの証しである。弱い人にはそれができない。幸い、よい上司は、有能な人ほど自分のミスを認めることを理解している。

ビジネスの世界では、ミスを認める能力はとくに重要だ。ミスを放置しておくと、問題はさらに大きくなる。早いうちにミスを認め、問題の芽を摘みとってしまうほうがよい。ミスは早期に是正して損失を最小限に食い止めることだ。

黙っていても、いずれ誰かがあなたのミスに気づく。そうなると、あなたはミスを隠そうとしていたと上司に受けとられかねない。

ビジネスの世界ではリスクは付き物だ。ミスを犯したことのない人は、リスクをとることを恐れている人なのだ。

32

教わり上手になれ

スポーツでは、花形選手といえどもコーチの指示に従わないと、チーム全体に悪影響を及ぼす。よいコーチはそういう選手をベンチに入れるかチームから追い出してしまう。

ビジネスでは、教わり上手になるとは、たんに上司の指示に従うだけでなく、みずから学んで成長することを意味する。

だから、**しっかりした会社では、「自分はもうこれ以上技能を磨く必要はない」と思うようになった社員の居場所は、なくなるのが普通である。**

教わり上手になる6つのポイント

1 柔軟性を持つ
2 上司を信頼する
3 学習意欲を燃やす
4 上司の話に耳を傾ける
5 上司の揚げ足をとらない
6 わからないときは質問する

33

質問をせよ

わからないのにわかっているふりをしてはいけない。与えられた仕事が理解できないなら、堂々と質問をしよう。黙っていて上司の期待にそえないよりも、最初に質問をしたほうがずっとよい。

すぐに質問をすれば、軌道修正が容易になる。しかし、本当はわかっていないのにわかっているふりをして仕事にとりかかると、間違った方向に作業を進めてしまうおそれがある。

質問をすることで、あなたの時間と労力だけでなく上司の時間と労力も節約できる。ひいては、会社の時間と労力とコストを節約することにもつながる。

仕事の所要時間によっては、数時間、あるいは数日間の労力を節約することも可能になる。そういう意味で、わかったふりをして質問をしないのは、プライドが高すぎるだけでなく給料泥棒と呼ばれても仕方がない行為なのである。

34

悪い知らせを歓迎せよ

職場にいながら、現場で顧客の生の声を聞くことは不可能だ。したがって、あなたは最新情報を得るために他の人たちに頼る必要がある。

悪い知らせを伝えに来た人（後輩や部下など）に対して嫌な顔をしてはいけない。そんなことをすれば、悪い知らせを伝える人がいなくなり、貴重なフィードバックを得られなくなるからだ。

十分な情報を入手するために、コミュニケーションのルートを開いておこう。よい知らせしか受け付けないという姿勢でいると、問題が起こったときに情報をいち早くキャッチできず、気づいたときには手遅れになってしまう。

悪い知らせを歓迎することを、日ごろから周囲の人たちに伝えておくことだ。問題の芽を早く摘みとれば、問題を回避できる確率が高くなる。

35

折り返しの電話はすぐにせよ

まず間違いないことが1つある。あなたが不在のときに電話がかかってきて、折り返しの電話をしないなら、友人を得ることも人を動かすこともできない。

折り返しの電話をしないのは失礼であり、相手への侮辱なのである。電話をかけた人に対し、「あなたはそれほど大切な人ではありませんから、わざわざ電話をする必要はありません」と言っているのと同じだからだ。こういうことを何度も繰り返すと、相手によっては、あなたの上司に苦情を言うおそれもある。

仕事が忙しくて勤務時間中に電話をする時間がとれないなら、勤務が終わってからでも電話をするべきだ。

36

いい人になるな

仕事の目的は、人気コンテストで優勝することではない。したがって、いつもいい人でいる必要はないのだ。

すべての人に親切にしようと心がけるのはよいことだが、職場では人に嫌がられることをしなければならないこともある。**いくら慎重にしても、あなたの行為はときとして相手に反感を抱かせることもあるだろう。しかし、それはあなたの仕事の一部なのだ。**他人の気持ちを傷つけたくないからといって、いつもいい人でいられるわけではない。

仕事のうえでは、全員に都合がいいとはかぎらない決定をしなければならないことがある。その際、不満を抱く人がどうしても現れる。全員を常に満足させることは不可能だと割り切ることも大切なのである。

37

人間関係を大切にせよ

優秀なビジネスマンは、多くの人と長期的な人間関係を築いて成功の基盤にする。それらの人間関係は、会社の内外で出会う大勢の人びととの間で築かれる。同じ業種の人の場合もあれば、異業種の人との交流もある。

出会った相手が将来、自分のキャリアにどういう影響をおよぼすかは、まったくわからない。だから、出会うすべての人に礼儀正しく接し、敬意を払うことだ。

以前は味方だったけれども今は利害関係のない人を無視してはいけない。「この人は最近、何かしてくれたか?」とでもいうような態度は、過去の味方を敵に変えてしまう。そういう人は生涯にわたって大切にすべきだ。義理堅さは称賛すべき資質である。

手紙を送ったり電話をかけたりして連絡をとろう。相手がとくに興味のありそうな雑誌や新聞の記事を切り抜いて送るのも有効だ。

38

人脈を築き上げよ

人脈の価値を過小評価してはいけない。ただし、人脈は活用してこそ貴重な財産になる。重要人物を知っているだけでは意味がない。

仕事は、プライベートなつき合いを通じて発生することがよくある。あなたの仕事ぶりは、あなたが会社の内外で人びととどう接するかに左右される。また、あなたの成功は、その人たちがあなたをどう評価するかにも左右される。あなたは彼らに好かれなければならないだけでなく、信頼してもらわなければならない。

あなたが人びとと築き上げる信頼関係は、あなたの現在と将来のキャリアに重要な役割を果たす。若いうちはそれほど重要だとは思えなくても、多くの人としっかりした人間関係を築くことは、やがてあなたの最も重要な財産の一つになるのだ。

39

社内外を問わず、できるだけ多くの人と親しくせよ

成功するビジネスマンは、現役時代に数百人から数千人と人間関係を築く。その対象はあらゆる領域にわたる。

社内での人脈づくりは、いろいろな部署に配属されて出会う人たちが対象となる。さらに、会議室や社員食堂、休憩室などで知り合う人たちもいる。

外部での人脈づくりは、セミナーや勉強会、交流会で出会う人たちが対象となる。さらに、顧客、個人的な友人、知人、そして彼らに紹介してもらう人たち、休暇中に知り合う人たち、子どもの友だちの親などだ。

新しく知り合った人たちと定期的にコミュニケーションをとるために、ファイルを作成する必要がある。**電話番号、メールアドレス、住所といった基本的な情報のほかに、誕生日や記念日、子どもの名前などの個人情報を大切に保管しよう。折にふれて連絡をとることで、人間関係が構築されていくのだ。**

40

時間をうまく使え

会社から給料をもらって働いているのだから、勤務時間を有効に使えば社員としての価値が高まる。

＝上手な時間管理7つのポイント＝

1 **1回に1つのことに集中する**
2 **メールや書類はその場で処理する**
3 **仕事のリストを作成し、優先順位を決める**
4 **不測の事態に備えて時間に余裕を持たせる**
5 **時間を最大限に活用する（時間はすべての人に同じ条件である）**
6 **電話のそばにタイマーや砂時計を置いて会話の時間を制限する**
7 **明確な締め切りを設定し、たんなる努力目標にするのではなく厳守してもらう**

41

怒っている顧客への対応を進んでせよ

すべての会社にとって最も大切なのは、顧客にどれだけ尽くすかということだ。実際、優良企業ほど顧客満足のために懸命の努力をする。

しかし、会社がどれだけ努力をしても、いつもすべての顧客を満足させられるとはかぎらない。優良企業でも不満を抱く顧客は必ず存在する。

機会があるたびに、怒っている顧客をなだめる努力をすべきだ。「それは私の仕事ではない」などと思ってはいけない。顧客が存在しなければ会社は存在しないのだ。したがって、**じかに顧客に接しているかどうかとは関係なく、怒っている顧客をなだめるのは仕事の一部なのである。実際、それは全社員の仕事だ！**

いずれ、あなたの対応のうまさは社内に知れ渡る。気むずかしかった顧客はあなたのファンになり、あなたのことを上司に報告するだろう。上司は顧客があなたを称賛するのを聞いて感激するはずだ。

42

急ぐあまり、いい加減な仕事をするな

上司に印象づけるために、多くの人は仕事を大急ぎでやり終える。たしかに、効率よく仕事をすることはすばらしいが、ことわざにあるとおり、「急いては事を仕損ずる」ものだ。

上司に印象づけようとして急いでいい加減な仕事をすれば、上司はどういう印象を受けるだろうか？　上司はあなたの性急な仕事ぶりを仕事への蔑視と受け止めかねない。

上司は完成までに要した時間よりも仕事の質を覚えている。急ぐあまり、質の低い仕事をしては絶対にいけない。

急いでいるときでも、最高の仕事をするために必要な計画・調査・校正の時間を削らないことだ。仕事を早く仕上げることより、質の高い仕事をすることで上司に印象づけることのほうが、はるかに大切なのである。

43

自分の昇進に備えて後任者を育成せよ

自分がかけがえのない存在になれば終身雇用を保障してもらえると考えている人がいる。それは状況によっては正しいかもしれないが、できる社員に比べると、近視眼的であると言わざるをえない。

上司がよく困ってしまうのは、部下を昇進させるとその穴を埋める人物がいないことだ。それなら、昇進させないでおいたほうがいいということになってしまう。この状況を避けるためには、日ごろから後任者を育成して、準備をしておかなければならない。そうしないと、昇進の機会を逃すおそれすらある。

もしあなたが後任者を育成しようとしないなら、上司の評価は下がる。上司はあなたのことをチームプレーの下手な人物だと思い、後任者を育てることで自分の居場所がなくなるのを恐れているのではないかと疑うだろう。

PART 3

できる社員は「チームワーク」を忘れない

44

チームプレーに徹せよ

チームワークという言葉は、以前からビジネスの世界でキーワードとされてきた。実際、人びとが力を合わせると相乗効果が生まれることは常識になっている。言い換えれば、一人ひとりがばらばらになって働くのではなく、全員が一丸となって共通の目標に向かって進むと、組織の生産性が高まるということだ。

チームの中では、各人が自分に与えられた仕事にとり組んでいる。このやり方が効果的なのは明らかだが、チームプレーに徹するのを嫌がる人があまりにも多いのが現実だ。自分の功績を優先したり、プライドが邪魔したりするからだ。

上司は、協調性のある部下を好む。**組織に献身的な社員は、他の社員の模範になるし、その情熱は周囲に伝染する。上司がそういう部下を大切にするのは当然である。**

45

同僚に対して怒るな、恨むな

何が起こっても、いっしょに働いている人に恨みを抱いてはいけない。起こってしまったことは仕方がないと自分に言い聞かせ、気持ちを切り替えて次の仕事にとりかかればよい。

職場は感情を爆発させる場所ではない。誰かに怒りを感じていても、怒りを静めることだ。不平不満は自分の仕事の邪魔になり、他人の仕事を妨害することにもなる。

とはいえ、他の人から不当な扱いをされても無視すべきだという意味ではない。自分の感情を内に秘めておくことは精神衛生上よくないし、他の人たちから便利屋として利用されやすくなる。状況によっては、相手と二人きりで会って、自分がその人との関係を大切にしたいと思っていることを説明し、自分の気持ちを知ってもらう必要がある。

46

前の会社のやり方を持ち出すな

新しい会社に来てまだ間がないなら、前の会社のやり方に固執してはいけない。そんなことをしていると、新しい同僚にそっぽを向かれてしまうことになる。どの会社にもそれぞれのやり方がある。前の職場は過去の話であり、今のあなたは新しいチームの一員なのだ。

できるだけ早く職場に溶け込もう。そうすることによって、自分が新しい会社で成功しようとしていることを新しい上司と同僚に示すことができる。また、過去の仕事の経験で得たアイデアを新しい同僚と分かち合おう。

ここでひとこと注意しておく。自分の知識と経験の豊富さをひけらかしてはいけない。そのようなことはしなくても、あなたが本当に賢い人であるなら、周囲の人はすぐに気がつくはずだ。

47

すべての人に礼儀正しく接せよ

思慮深い人は、相手の地位や立場に関係なく、すべての人に礼儀正しく接する。世間から高く評価されている経営者は、社内での地位に関係なく全社員に温かく接する。社内での地位が低い人に威張るようなことはない。**部下を無作法に扱うのは、自尊心が乏しい証拠である。そういう人は自分の権力を誇示しようとしているだけだ。**

あなたがすべての人に礼儀正しく接するなら、上司はそれに気づくはずだ。未熟な客室乗務員や修理工に対しても、礼儀正しく穏やかに接しよう。注文してから20分もたってウエートレスがコーヒーを運んできたとしても、怒鳴り散らしてしまったら、上司はあなたの態度を高く評価することはない。他の人を見下すような態度をとることによって、あなたは自分をつまらない人間にしてしまうのだ。

48

部下を人前でほめよ

部下をほめることは職場では常に必要な行為だが、他の人たちのいるところでほめるほど効果的なことはない。部下に注意するときは他の人たちがいない場所でし、部下をほめるときは他の人たちの前ですることだ。できればみんなを集めてからほめるとよい。

要領がわかれば、心のこもったほめ言葉をかける理由を見つけることは簡単だ。人をほめることを恥ずかしがってはいけない。

ほめることは、上司が部下にやる気を起こさせる方法の一つだが、それは一方通行ではなく双方向のコミュニケーションである。上司も他の人たちと同じように、称賛されることでやる気を起こすものだからだ。上司をほめることも忘れないこと。

49

部下を人前で叱るな

前項では、部下は人前でほめるべきだと書いた。それとは逆に、叱るときは誰もいないところですべきだ。部下を人前で叱る管理職がいるが、この種の精神的虐待はチーム全体の士気をそいでしまう。人前で叱られることは本人にとっては屈辱だし、その場にいるすべての部下を不安にする。いつか自分も同様の屈辱を味わうことになると思うからだ。

人前で叱るよりは、二人だけになって建設的なフィードバックをするほうがはるかに効果的である。そうすれば部下のやる気は高まるし、あなたの気持ちもすんなり部下に受け入れられる。あなたが部下の言い分を聞きながら冷静に話をするなら、相手の気分を害することは決してないはずだ。

50

誰かについてよいことを言えないのなら、何も言うな

悲しいことに、私たちはこのアドバイスを実行するのを忘れがちだ。

ビジネスの世界では、他人の悪口を言うことは、たんにマナーが悪いというだけではすまないことがある。そのためにクビになるおそれさえあるのだ。批判の言葉をよく口に出す人は、たちまちにして「口が悪い」という烙印を押されてしまう。そうなると、当然、誰からも尊敬されない。

あなたが誰かの悪口を言っているのを聞いた上司は、自分も陰口をたたかれているのではないかと疑うようになる。さらに、経営陣はあなたが外部に企業秘密を漏らしかねない人物だと考えるかもしれない。

また、人の悪口を言うことは、チームワークに支障をきたす。組織内の人どうしが反目しあう原因になるからだ。悪口は職場の団結を乱してしまうのである。

51

不平不満を言うな

自分の思いどおりになるまでブツブツ文句を言う人を好きになる人はいない。相手をうんざりさせて譲歩を求めるやり方では、最善の結果をおさめるのはむずかしい。もっと効果的な方法があるはずだ。

いつも不平不満を言う人は、上司から引き立ててもらえない。社内でのことであれ、政治のことであれ、家族のことであれ、通勤のことであれ、**文句ばかり言っている人は、上司だけでなく周囲の人全員からうとんじられてしまう。**

52

他人の成功を祝福せよ

あなたのちょっとした努力で他人の気持ちを盛り上げることができる。同僚の業績を心から祝福しよう。ためらってはいけない。

ビジネスの世界では、あなたが同僚の成功を祝福するとき、チームプレーをしているという印象を周囲に与える。また、他人の成功におびやかされないだけの自信を持っている人物という評価を得ることもできる。他人の成功を祝福することは、自分の成功につながるのである。

53

落ち込んでいる人を励ませ

同僚が挫折をしたときは、優しい言葉をかけてあげよう。あなたの真心は必ず喜ばれる。「きみの努力は立派だったよ。次回は必ず成功するはずだ」とか「応援していますよ。あなたのような素晴らしい人は、いつかきっと成功をおさめるはずです」というような言葉が効果的だ。

励ましの言葉をかけるのに大きな努力は必要ない。あなたがタイミングよく言えば、相手は感謝し、ずっと覚えていてくれるはずだ。

同僚や部下だけではなく、上司が挫折したときも、同じように励ましの言葉をかけてあげることだ。上司には励ましの言葉をかける必要はないなどと思ってはいけない。人間は誰でも励ましの言葉を必要としているのだ。

54

他人の問題に共感せよ

前に書いたように、本当はすべきことではないが、個人的な悩みを職場に持ち込んでしまう人がいる。あなたはそのようなことをしてはいけないが、では、他の人がそうしたとき、どのように対処したらよいのだろうか。

個人的な問題で困っている同僚や部下のそばで働いているとする。相手は感情を持った生身の人間である。他人が困っているときに、それを無視するのは思いやりに欠ける態度だ。勤務時間中は個人的な問題について話し合ってはいけないが、配慮はしなければならない。昼食時や仕事のあとで相談に乗ってあげることだ。

1日に8時間もいっしょに働いている人に冷淡な態度をとることができるだろうか？そのような態度をとって平然としていられるのは、無慈悲な人だけだ。結局、そういう人はコミュニケーションが下手だし、部下や同僚の人望を得ることができないから、チームプレーはうまくいかない。

55

相手の顔を立てよ

他人の不幸を喜ぶ人がいる。そういう人は、相手をおとしめることによって自分が優れているように感じるのだ。しかし、そういう態度は、そのときは気分がよいかもしれないが、長い目で見ると、相手の反感を買うだけだ。

誰かがミスを犯したとき、それに最初に気づくのはたいてい本人だから、あなたがいやみを言う必要はない。**相手に恥をかかせないように知らないふりをしてあげるのが、思いやりというものだ。**

相手の顔を立てるのは、親切な行為である。ミスを犯した人は、「しまった」という気持ちになっているから、あなたがそれを大目に見れば、相手はあなたの優しさに感謝するはずだ。

56

謙虚であれ

もしあなたが優秀な社員なら、自分をことさらＰＲしなくても誰もがすぐに気づくはずだ。

人間は自慢するより謙虚になった分だけ目立つものである。自慢する人は誰からも嫌われるから、自慢話をしたいという気になったときは、ぐっとこらえよう。自慢話をすれば、周囲の人たちに悪印象を与えるだけだ。

とにかく、自己ＰＲは逆効果である。自分の優秀さに注目してほしいという気持ちはわかるが、人目を引きたがる情緒不安定な人物と見られるのが落ちである。

自慢話をする人は、チームの成功を分かち合おうとせず、栄光を独り占めにしたがる人と見られる。だから、どんなに控えめな自慢話でもしないほうが得策なのだ。自慢話をする暇があるのなら、行動、実績、バイタリティによって自分の実力を示すことだ。

57

昇進しても偉ぶるな

一部の人は昇進すると「自分は偉い」と思うようになり、周囲の人たちを遠ざけてしまいがちである。しかし、彼らは周囲の人たちの笑いものになっていることに気づいていない。その結果、部下の信頼を失い、リーダーシップがとれなくなるのだ。

昇進したときこそ、気さくな態度を維持するように気をつけよう。そうすることで人びとの尊敬を得ることができる。偉そうにしたところで、偉くなるわけではない。実際はその逆だ。偉そうにする人は、自分の成功にどう対処してよいかわからない人という印象を与えるからだ。自分の成功に舞い上がっている人を、上司が高く評価することはない。

あなたの仕事がどれだけ重要であっても、自分が偉くなったと錯覚してはいけない。いつも謙虚な姿勢をつらぬくことが最も賢明な姿勢だ。

58

時間を厳守せよ

他人を侮辱する方法はいろいろある。約束や会議の時間に遅れるとか、もっと効果的なのは、電話をかけてきた相手をそのままにして誰かと話をし、相手の時間に敬意を表していないことを示せばよい。

相手を待たせる行為は、「私の時間は貴重だが、あなたの時間は貴重ではないから、じっと待っていろ」と言っているのと同じである。

ビジネスの世界では、相手にそんなメッセージを送ったら大変なことになる（これはプライベートでも同じだ）。上司はあなたにとってさらに不利なメッセージを受けとるかもしれない。時間にルーズな人は、自己管理のできない人という印象を与えるからだ。いい加減な人だと思われてしまったら、昇進の機会が遠のくことは間違いない。

59

ジョークが面白くなくても笑顔を見せよ

相手を少し幸せにしてあげる程度のことは、誰にでも簡単にできる。相手のジョークをつまらないと感じたり、どこかで聞いたことがあると思ったりしても、笑ってあげればよいのだ。それは一種の慈善事業だと考えよう。

面白くなくてもほほ笑むのに努力はいらない。むしろ、相手がジョークを言っているのに表情一つ変えず、なんの反応も示さないほうが問題だ。ギャグを言ったのに、まったく受けず、その場が静まり返ると気まずいものである。

相手がジョークを言うとき、本人はそれが面白いと思っている。そうでなければ、そのジョークを言わないはずだ。自分が面白いジョークだと思っているのに、あなたが笑わないなら、あなたは退屈でユーモアのない人物だと思われてしまうおそれもある。

60

助けを求めよ

助けを求めることができないほど尊大になってはいけない。相手が上司であっても部下であっても、助けてくれそうな人には助けを求めよう。プライドは邪魔になるだけだ。

一部の人は、助けを求めることは弱さの証しだと思っている。しかし、問題を抱えているときは、地位や年齢は関係ない。**助けが必要なときは、妙なプライドは捨てて助けを求めるべきだ。**

意固地になるあまり部下に助けを求めることができない人は、大きな間違いを犯している。あなたが抱えている問題が部下の専門分野に属するなら、部下は理想的な助っ人になる。

あなたが部下に助けを求めれば、部下は自分が信頼されていることに喜びを感じ、やる気を出して奇跡的な働きをするはずである。さあ、部下を喜ばせよう。

61

権限を委譲せよ

管理職についている人は誰でも、他の人たちに権限を委譲することを学ばなければならない。しかし、初めて管理職につく人にとって、それは実際にはむずかしいことだ。たとえ管理職についていなくても、権限を委譲しなければならないことがある。たとえば、上司に急ぎの仕事をまかせられて手一杯になった秘書が、別の秘書や他の事務職の人たちと仕事を分担する場合がそうだ。

上級管理職では、権限委譲は日常茶飯事である。それは時間管理と経済学の問題だ。**他の人たちにうまく権限委譲をすれば、優先順位の高い仕事に専念する時間が確保できる。**また、自分は高い技能を必要とする仕事にとりかかり、高い技能を必要としない仕事を賃金の低い人に依頼したほうが経済学的にも効率がよい。

ここでひとこと。他の人たちに権限を委譲して成果があがらなければ、あなたが責任を負うことになる。あなたの将来は彼らの手中にあることを肝に銘じよう。

62

好かれる努力をせよ

上司や同僚、顧客に好かれれば、どれほど得をするか知らない人はいないはずだ。あなたは好かれる努力をするのは当然だと思っているかもしれない。

しかし、周囲をよく観察すれば、好感の持てない人がどれほど多いかわかるだろう。彼らは好かれる努力をまったくしていない。非友好的で、自己中心的で、頑固で、独善的な人があまりにも多いのが実情だ。たとえ好感の持てる側面があっても、彼らはそれを職場で発揮していない。

人気コンテストでもないのに、なぜ好かれなければならないのか、といぶかる人もいるだろう。理由は簡単だ。

人間というのは、好きな人のためなら何でもしてあげようという気になるものだからだ。 あなたが上司や同僚に好かれれば、他の条件が同じ人たちよりも有利になることは間違いない。

63

「ノー」と言うべきときは「ノー」と言え

前項では人から好かれる努力をするよう述べたが、そのために仕事がうまくいかなくなってしまっては本末転倒である。私たちは人に好かれようとして、「ノー」と言わない傾向がある。しかし、ビジネスではそれは重大な欠点だ。ためらうことなく堂々と「ノー」と言うことは、ときには必要ですらある。

最悪のシナリオは、「ノー」と言うのを先のばしにして、相手の期待をふくらませるパターンだ。**早めに断らずに保留にしたままでいると、相手の貴重な時間を浪費させてしまう。**あっさり「ノー」と言うほうが、蛇の生殺しよりずっと親切だ。優柔不断な態度は決定をだらだらと長引かせ、たいてい好ましくない結果につながる。

一番よいのは、礼儀正しく「ノー」と言って、そのあとではっきりと理由を述べることである。もし相手があなたの決定に不満なら、あなたの立場を理解したうえで再提案するという選択肢もある。それは相手にまかせることだ。

PART 4

できる社員は「上司」の立場で考える

64

上司に忠誠を誓え

部下は上司に忠誠を誓わなければならない。たとえその理由が給料に関するものだけであったとしても、である。

残念ながら、雇用情勢の流動化にともない、人びとの忠誠心は以前ほど強くはなくなりつつある。とは言うものの、忠誠心は今でも高く評価されている資質だ。

忠誠心を示すことは簡単である。たとえば、上司の陰口を言わないというのも、忠誠心の証しだ。「ある人についてほめることがなければ、何も言ってはいけない」という格言は真理である。もし誰かが上司を批判したなら、上司を擁護しよう。また、第三者がいるところでは、上司に反論してはいけない。上司の見解に納得できないなら、二人だけで話し合うことだ。

上司も人間だ。**部下の不注意や遅刻などは許せても、忠誠心に欠ける態度は許せない。**忠誠心の欠如は、人格的な欠陥なのである。

65

上司の優先順位に従え

誰にでも優先順位がある。もちろん、上司もそうだ。上司の優先順位を熟知してそれを共有することが、評価を上げるためには欠かせない。

しかし、**どの上司にも個性があることに気をつけよう。前の上司にとっては非常に重要なことであっても、現在の上司にとっては些細なことかもしれない。**

たとえば、短期的に考える上司は目先の利益を重視し、長期的に考える上司は全体に意識を向ける。あるいは、すばやい仕事を要求するタイプなのか、形式を重んじるタイプなのか、というようにいろいろなタイプがある。大切なのは、あなたが上司の個性を知って、そのニーズと優先順位を把握することである。

66

最小限の指示で動けるようになれ

上司は、自分で考えることのできる部下を好む。与えられた仕事を最小限の指示で遂行できる部下を評価する。上司は時間に追われているからだ。

それを念頭において、**何かを依頼されたときは、あとでまた上司に指示を仰がなくてもよいように、集中して指示を聞くことだ。**与えられた仕事をしっかり理解するために、事前に多くの質問をするのはかまわない。しかし、仕事を始めてからは自分で答えが出せるようにしよう。

自分がするべきことを上司に指示してもらおうとする部下がいる。自分の判断に自信がないからか、上司に注目されたいからだろう。いずれにせよ、自分で積極的に物事にとり組めないという印象を与えてしまう。

自分で責任を持って仕事にとり組もう。そうすれば、貴重な戦力という評価につながり、さらに大きな責任を与えられるようになる。

67

上司を相手にしゃべり過ぎるな

上司に好印象を与えようとするあまり、とうとうとしゃべる人がいる。自分では貴重な情報を提供しているつもりだろうが、実際には、ぺちゃくちゃしゃべって上司のスケジュールに支障をきたしているだけなのだ。

勤務時間中は、上司との会話を当面の仕事に限定すべきだ。とりとめもない話なら、その日の仕事には役立たないから上司をイライラさせることは間違いない。上司はあなたの意見を「洞察」ではなく「無駄話」と考えてしまう。

上司に好印象を与えるためにとうとうとしゃべると、逆に悪い印象を与えることになる。余計なことまで話すくらいなら、黙っていたほうが得策だ。

68

上司に話しかけるときはタイミングを見計らえ

ある程度の期間、一人の上司の下で働いてきたなら、その上司の気分を読めるはずだ。**仕事の報告をしたり、相談事を持ちかけたり、決裁を仰いだりするために話しかけるのにはタイミングが重要である。**たとえば、上司が次のような状況に置かれているときに話しかけるのは、あまりにも気配りが足りない。

・会議や重要な打ち合わせに遅れそうになって焦っているとき
・残業をして急ぎの仕事を終えようとしているとき
・重要なスピーチなどの原稿に集中してとり組んでいるとき
・上司や顧客に叱りつけられた直後

当然、あなたはこれ以外にもリストに加えるべき項目を知っているはずだ。

69

上司に提案を却下されても気にするな

最終的な決定権を持っているのは、あなたではなく上司であることを忘れてはいけない。たとえあなたが自分の提案は素晴らしいと思っていても、上司にはそれを受け入れる義務はないのだ。

上司が異議を唱えたとき、あなたはそれを自分への個人攻撃と解釈すべきではない。あなたにとっては実用的なアイデアでも、上司にはそれほど魅力的に映らない場合がある。ほとんどの場合、上司の判断は、会社の長期的計画や財務状況、最優先事項に関する、あなたのよりも豊富な情報に基づいているのだ。

いずれにせよ、**部下の提案を受け入れるか却下するかは、上司の特権である。あなたはそれを理解するだけの心の余裕を持つ必要がある。**提案を却下されてくよくよしている素振りを見せれば、上司はあなたが建設的批判を受け入れられない心の狭い人物だと考えるだろう。

70

上司に叱られたら感謝せよ

上司があなたを叱るのは、あなたの仕事ぶりが不十分だからである。あなたに敵意を持っているからではない。

上司に叱られたときにうまく対処できるようになろう。感情的な反応をするのは、自分が精神的に不安定で自尊心が乏しいと証明するようなものだ。叱られても人格を否定されたと思ってはいけない。上司はあなたを攻撃しているわけではないのだ。むきになって弁解すると、上司は不快な気分になる。

叱られたときの最善の対処法は、上司に感謝することである。

「おっしゃるとおりです。改善するようベストを尽くします。ご指摘くださいましてありがとうございます」

と言えるようになろう。そうすれば、上司の言うことに耳を傾け、自分のミスから学ぶことのできる人物という好印象を与えることができる。

71

上司と言い争うな

上司と言い争うことは無益である。あなたが勝つ見込みはどれだけあるだろうか？**言い争いを好むのは決して魅力的な個性とは言えない。**そんなことをしても、時間を浪費し、上司を不機嫌にするだけだ。

いつも上司に反論している人たちの仲間入りをしてはいけない。たまに反論する程度ならよいが、ひんぱんにすると嫌われてしまうのは当然だ。

72

人前で上司と対立するな

他の人たちがいるところで上司と対立するのは命とりになりかねない。人前での対立は、人間の尊厳を奪い去る。そのような行為をすれば、上司に恥をかかせるだけでなく、上司の権威を失墜させてしまうのである。

上司と意見が合わないのなら、二人きりで話をすることだ。特に外部の人がいるところでは、内輪もめをしてはいけない。

73

上司にお世辞を言い過ぎるな

「お世辞を言われて喜ばない人はいない」とよく言われる。たしかにそれには一面の真理があるが、あまりにもお世辞を言うと逆効果になる。そのことを忘れず、上司をほめるときは、慎重にしよう。過ぎたるは及ばざるがごとし、だ。

人はほめられるとやる気が出るから、称賛は職場で常に歓迎される。しかし、お世辞と称賛は同じではない。**あまりにもひんぱんにほめ言葉を連発すると、不誠実なゴマすりという印象を与え、効果がなくなる。**

上司にお世辞を言い過ぎることの最大の難点は、やがて上司が本気にしなくなることだ。そうなると、いざあなたが心をこめてほめても無視されてしまう。

イタリアのことわざに、「相手が求めている以上にお世辞を言う者は、相手を過去にあざむいたか、これからあざむこうとしている」とある。上司がそう思うようになることは、あなたの利益にはならないのである。

74

前の勤務先の上司を批判するな

前の会社や上司の批判をすることは致命的な行為である。今までしていた仕事に対してどれほどネガティブな感情を持っていても、それは自分の心の中にしまっておくべきだ。**あなたが漏らす不平不満は、負け惜しみにしか聞こえない。最悪の場合、上司とうまくやっていくのが苦手な人物という印象を与えかねない。**

あなたが前の上司の陰口を言うとき、今の上司は「いずれ自分も陰口を言われることになる」と勘ぐるようになる。あなたはそういうネガティブな態度をとることによって、自分がトラブルメーカーであることを証明しているのだ。

上司はそんなあなたに警戒心を抱くだろう。上司の心にそのような疑いが生じることは、あなたにとってなんの得にもならない。下手をすれば、あなたはまた別の仕事を探す羽目になる！

75

直属の上司を飛び越えるな

どの組織にもはっきりとした指揮系統がある。定められた指揮系統を守るためには、すべてのプレーヤーとその守備範囲を知っておかなければならない。誰かを通り越してしまうと、確実にその人を遠ざけることになる。あなたの通り越した相手が上司であれば、さらに惨憺たる結果を招くおそれがある。

上司を通り越しては絶対にいけない。そういう非礼な態度は職場の全員にあなたへの反感を抱かせる。それは多くの人にとって、システムに対する敬意の欠如と受けとられるのである。

社内の序列を研究し、それに従おう。序列の目的は、そこにある。経営陣が組織図を作成するのは、壁に飾っておくためではない。

76

上司からおごってもらうときはマナーを守れ

上司からごちそうになるときの心得は以下の通りである。

・注文し過ぎない
・高価な品目を注文しない
・食べ物に文句を言わない
・給仕係に対して威張らない
・相手に意識を集中し、周囲に気をそらさない
・上司が勘定書きを手にしたら、「ごちそうさまでした」とお礼を言う
・携帯電話に出ない（絶対に必要ではないかぎり、携帯電話の電源は切っておく）

77

上司のやり方に適応せよ

あなたには二つの選択肢がある。上司のやり方にイライラするか、うまくつき合うか、そのどちらかだ。前者を選べば、フラストレーションがたまるだけである。

人びとが自分のやり方を変えることはめったにない。奇跡が起こるのを待つよりも、上司をあるがままに受け入れたほうが得策だ。上司は自分のやり方を続けるだろうし、あなたはその上司とつき合い続けなければならないのだから。

また、新しい上司の下で働くときは、初めのうちにその上司のやり方を把握しておくことが大切になる。基本的なルールを知っておけば、お互いにスムーズに過ごせる。自分が新しい上司から何を要求されているかを正確に把握することは、部下として仕事をするうえで欠かせない。たとえば、自分一人でできる決定とは何か、上司の了承を得なければならない決定とは何か、といったことである。

78

上司が答えられないような質問を人前でするな

プレゼンテーションをした人にむずかしい質問をして、自分のことを周囲の人に印象づけようとしてはいけない。相手が上司の場合はなおさらだ。

要するに、他の人たちがいるところで上司の面子を保つか、つぶすか、ということである。**プレゼンテーションのときに上司に難問を出すと、結果的に上司の面子がつぶれてしまうのだ。**

上司が安心して答えられるような質問をしよう。そうでなければ、質問はいっさい控えるべきである。

79

上司に感謝の気持ちを伝えよ

上司があなたのために何かをしてくれたときは、たとえそれがどんなに小さなことでも、感謝の気持ちを伝えよう。一つは、それが礼儀だからである。もう一つは、上司も他のすべての人と同様、感謝されたいという思いを持っているからである。

できる社員は、上司に感謝する事柄を常に探している。昇給や昇進のように大きなことに対して感謝するのは当然だ。むしろ、何も言わないほうが失礼である。しかし、新製品について意見を求められるといった小さなことを見落としてはいけない。「私見を述べる機会を与えてくださってありがとうございました」と伝えよう。

ことあるごとに真心をこめて上司に感謝の気持ちを伝えるなら、上司はあなたのためにさらにもっと多くのことをしてくれるだろう。

80

上司の仕事に手を貸せ

上司の時間はあなたの時間より貴重だと考えよう。部下として上司を支える一つの方法は、上司の仕事がスケジュールどおり進行するよう手を貸すことである。

もちろん、実際はそんなに簡単にはいかない。これは困難な課題であり、上司のニーズに合わせて自分の仕事の予定を組まなければならないからだ。

それでも、上司が大切な仕事を抱えてスケジュールより遅れているなら、あなたは上司に力添えをすべきである。そういう重要な局面で上司の力になれる部下は、高く評価されるのだ。

81

「辞める」と言って上司を脅迫するな

昇給や昇進、その他の要求を実現させるために、「そうしてもらえなければ辞めます」などと上司に言う人がいる。**これは一種の脅迫である。脅迫は不愉快な行為であり、脅迫されるのが好きな人はいない。**

もし上司が「仕事の出来によってはきみに辞めてもらう」とおどしたら、あなたはどういう気持ちになるだろうか？　きっと不安になるはずだ。辞めると言って上司をおどすのは、それと同じことなのだ。

しかも、上司は何度もおどされているとやがてうんざりして、あなたの代わりを探し始めるようになるだろう。そのとき、あなたは会社にとって用無しになってしまうのだ。

82

上司の栄光を横どりするな

偉大な脇役はみな、舞台の中央にいる主役を目立たせることを心がけている。同様に、あなたもそれと似た役割を上司との関係で演じなければならない。

ここでよく覚えておこう。自分より下位の者に出し抜かれるのが好きな人は一人もいない。たとえあなたの上司が控えめで温厚な人であっても、ときには注目されたがっているものだ。他のすべての人と同様、上司のプライドもたまにはくすぐる必要がある。脚光を浴びているときは大いに楽しませてあげよう。

誰かがほめられているとき、それをけなすのはマナー違反であるだけでなく、自分が精神的に不安定であることの証しでもある。そういう態度の悪さは、自分が目立ちたがるあまり他人の栄光を横どりしようとしている人物という印象を周囲に与える。そういうイメージを持たれてしまうのはあなたにとって決してプラスにならない。

83

必要なときは自己主張せよ

あなたは常に上司を支持すべきだが、上司が間違っているときでもイエスマンでいる必要はない。

上司が現在の地位についているのは、それなりの見識があるからだ。したがって、ほとんどの場合、あなたは上司に賛成すべきである。

とはいえ、**どんな場合でもまったく異議を唱えないなら、あなたは上司にとって何の役にも立たない存在になってしまう。**実際、多くの経営者は「私とまったく同じ考え方をする幹部は必要ない」と言っている。優秀な上司は自分がいつも正しいとはかぎらないことを知っている。そこで、自分に代案を提供して刺激を与えてくれる部下を必要としているのだ。

人生には妥協すべきときがあるが、原理・原則に関しては信念を持たなければならない。信念をまったくつらぬかないなら、意志薄弱な人物とみられても仕方がない。

84

主体性を持て

上司は、主体性のある部下を好む。主体性があるということは、リーダーシップの証しである。

すぐれた管理職になる資質を持っている人物は、他の部下の模範になる。そして、自分のあとについてくるよう社内の士気を高めることもできる。主体性を持った一人の部下の存在は、チーム全体の向上につながるのだ。上司の評価を上げるよい方法がほかにあるだろうか？

主体性を持つということは、自分がリーダーにふさわしいことを上司に示すことである。座して何かが起こるのを待つのではなく、自分から積極的に物事を起こすなら、あなたは上司にとって理想的な存在となる。

85

社長の立場に立って考えよ

相手の立場に立って考えるという言葉は、自分より地位の低い人に共感するという意味で使われることが多いかもしれない。

しかし、自分より地位の高い人、たとえば社長の立場に立って考えて、社長の視点から物事を眺めることも大切である。「もし自分が最高責任者だったらどうするだろうか？」と自問しよう。**自分が社長の椅子に座って決定をしている姿を想像すれば、ものの見方はすぐに変わるはずだ。**

企業のトップは孤独である。一度でも社長の立場に立って考えれば、社長が社員の要求と会社の収益性のバランスをとりながら、困難な決定をくだすために日夜苦闘していることを発見するだろう。

86

社長を励ませ

社長も人間だ。ときには他のすべての人と同じように、自分を元気づけてくれる人を必要としている。社長も調子の悪い日があるからだ。

組織のトップに立つと孤独を味わう。社長は難局に直面したときに、相談できる上の人がいないことが多いからである。ましてや、励ましてくれる人などめったにいない。

社長が励ましの言葉を必要としていると思ったら、恥ずかしがらずに社長を元気づけよう。社長が大きな挫折をしたときは、全面的にサポートするつもりでいることを伝えるべきだ。

「お気持ちはお察し申し上げますが、私は社長のご英断を誇りに思っています」と誠意をこめて言うのもよいだろう。

励ましの言葉をタイミングよくかければ、社長はあなたの思いやりに感動するだろう。あなたは社長にとって非常に貴重な存在になるはずだ。

87

社長に真実を伝えよ

トップにいる人が孤独だというのは想像しがたいかもしれない。社長を見ていると、いつも周りに社員がいて報告を受けているし、手招きすれば秘書がやってくる。そんな身分の人が孤独であるはずはないと思ってしまう。

孤独というのは、組織の中で本当に起こっていることを把握できず、しかも顧客とのふれあいがないという意味だ。孤独感がつのるのは、周囲に人がいても孤立していると感じるからである。**ふつう、部下は社長に喜んでもらえることしか知らせない。その結果、社長は社内の好ましくない状況を把握できないままになりやすいのだ。**

あなたにとって、これは絶好の機会である。ありのままを社長に報告する役を買って出よう。社長があなたの率直さを高く評価すれば、特別な信頼関係を築くことができる。あなたは非常に有利な立場に身を置くことになるだろう。

88

社長を得意客のように扱え

あなたにとって社長は、ある意味で得意客だから、ニーズをしっかり把握しなければならない。それは、社長の仕事と人生を楽にすることだ。

社長はあなたのサービスに対してお金を払っているのだから、それだけの価値のある仕事ぶりを期待している。**その秘訣は、賃金以上のものを提供することである。社長にかけがえのない社員だと確信してもらえるような仕事をしよう。**

あなたは、自分という「商品」を売り込む営業マンである。過去の栄光にしがみついてはいけない。あなたが業績をあげたのは、もう過去の話だ。古くて使い物にならないと思われないように、仕事ぶりを常に改善しよう。

厳しい競争社会では、得意客と同様、社長の心をいつもつかんでおくために一層の努力をしなければならない。社長のニーズを把握して、何度も何度もあなたの価値を提供すること。それは永遠に続く「商品開発」なのである。

PART 5

できる社員は「会社」を愛する

89

愛社精神を持て

あなたは社員として、会社と利害関係が一致している。あなたとあなたの家族の将来は会社にかかっているからだ。したがって、**あなたは会社の目標達成に全力を傾注し、会社の発展に貢献しなければならない。**

しかし残念ながら、なんとかやっていければいいという気持ちで、自分の仕事をこなしているだけの社員があまりにも多いのが実情である。こういうしらけた態度は、同僚と上司に、あなたが給料のためだけに働いているという印象を与える。そんな態度でいると、このリストラの世の中、職を失うことにもつながりかねない。

自分の会社と仕事に誇りを持とう。会社の利益は自分の利益であり、会社の業績を伸ばすために最善を尽くすつもりでいることを行動で示せば、上司のあなたに対する評価は確実に高まる。

90

利益を追求せよ

利益のないビジネスは、やがて倒産・廃業の憂き目にあうことは必至だ。ビジネスの世界では、「利益の追求」は汚い言葉ではない。会社は成長し発展するために利益をあげなければならないからである。

利益をあげなければ、株主に利益を還元できないだけでなく、社員、顧客、納入業者、地域に対して貢献できない。赤字におちいると、会社は社員を雇用し昇進させる能力を失う。競争力がなくなり、顧客に価値とサービスを提供する能力が衰える。納入業者には代金が支払えない。赤字体質の会社は、地域にサービスをすることもできなくなる。

以上の理由から、経営陣は利益をあげることを常に念頭におかなければならない。同様に、あなたもまた、利益をあげることを目標に努力しなければならないのだ。そうすることによって、あなたは価値のある社員になることができるのである。

91

会社の価値観をしっかり理解せよ

どの人にも価値観があるように、どの会社にも価値観がある。たとえば、「お客様は常に正しい」「製品には誇りと責任を持つ」「卓越したサービスを目ざして努力を重ねる」といった原則である。

社是や社訓という形で文書化されていることもあるが、ほとんどの中小企業がそうであるように、文書化はされていないけれども口頭で伝えられて実践されていることもある。

しかし、文書化されているかどうかとは関係なく、**あなたは自分の会社の価値観をしっかり理解したうえで、それを共有しなければならない。**もしあなたがその価値観にどうしても賛成できないのなら、他の就職先を探すのが良識ある態度というものである。

92

社是を作成し、提案せよ

すべての会社が社是を掲げるべきなのだが、優良企業を除いて大多数の会社には社是がない。中小企業はとくにそうだ。もしあなたの会社に社是がないなら、それを書いてみよう。

社是を書く方法についていくつかヒントを挙げておく。まず、他の会社の社是を見ることだ。一般に、社是は公の情報である。自分の会社の社是を書くうえで、他社の社是は大いに参考になるはずだ。

次に、自社のあらゆる地位の人たちに話をして、社是にどういう文章があればよいかを聞いてみよう。**自社の価値観についてどう思っているかを話してもらうことによって、あなたはすぐに明確な考え方が持てるようになるはずだ。**

社是は一ページを超えるものである必要はない。一般に、簡潔であればあるほどよい。ハガキくらいの大きさの紙に印刷できる程度のもので十分だ。

93

会社に対して不誠実な同僚を許すな

あなたは、給料を払ってくれている会社に忠誠を誓わなければならない。そして、同僚の不誠実な言動を容認してはいけない。**会社に対して敵対的な発言をする人には、毅然とした態度をとろう。**あなたがそういう状況で敵対的な発言を聞き流すことは、それに同意したのと同じことになるのだ。

忠実な社員は波風を立てまいとして、問題発言を聞き流すことがよくある。つまり、黙っていることによって争いを避けているのだ。しかし、黙っていることは黙認することで、会社にとって不誠実な言動の一種になりうる。したがって、はっきりと自己主張をし、そういう不誠実な言動を容認しないことを表明すべきだ。

94

企業秘密を漏らすな

同僚と公共の場所で会社の話をするときは、とくに注意が必要だ。喫茶店やレストラン、電車の中などで、誰がそばにいるかを考えずに企業秘密について話しがちなのだ。あなたの会社に対して友好的でない人がその会話を立ち聞きしていないともかぎらない。第三者がいないところですべき会話を、公共の場所でしていることがあまりにも多いのが実情だ。

企業秘密を自宅の食卓で話題にするのも要注意である。配偶者や子どもが不用意にもそれを第三者に口外しないともかぎらない。

同様に、自分が社内でどれほど重要であるかを誇示しようとして、内部情報を外部に漏らしてはいけない。うわさが世間に広まり、情報源があなたであることが発覚すれば、あなたが苦しい立場に追い込まれることになるのだ。

95

自分の意見を述べる習慣を身につけよ

アイデアを持っているのに提供しないのは、アイデアを持っていないのと同じように役に立たないからだ。

一般に、ほとんど意見を言わない社員は、経営陣から高く評価されない。

知的労働者は自分の頭脳に対してお金をもらっているのだから、自分が考えたことを伝えないなら、会社は給料に見合うだけの対価を得ていないことになる。つまり、会社に損害を与えているのである。

しかし残念ながら、多くの社員は他の人たちの前で話をしたり上司と対立したりするのを恐れて黙っている。会議の間も自分の思いを内に秘めたままにする。上司との一対一の話し合いのときですら押し黙っている人もいるほどだ。

自分の専門分野に関して重要な意見があるなら、それを言わないのは重要情報を会社に隠しているのと同じことになる。あなたの給料の一部は、あなたの知識に対して支払われているのだ。会社はそのためにあなたを訓練してきたはずだ。したがって、あなたが意見を言うのは、会社への責務を果たすことになるのである。

＝意見を述べる際の3つのポイント＝

1　心の中でリハーサルをする――必要ならメモを見ながら話してもよい。それは準備をして会議に臨んでいることの証しである

2　主題から逸脱しない――誰かが感情的になって話をそらせようとしても、相手になってはいけない

3　他の人のアイデアに心を開く――他の人の話の要点を理解し、それを「～さんがご指摘されたように」という形で自分の話の中に織り交ぜる

96

特別扱いを要求するな

新聞のスポーツ・芸能欄には、超一流のスポーツ選手や有名俳優が特別扱いを要求しているという記事が掲載される。また、芸術家や作家にも気むずかしい人が多いようだ。一部の人は、自分が特別な人なのでわがままが通るかのように錯覚している。問題は、わがままな人たちがスポーツや芸術の世界だけでなくビジネスの世界にも存在することだ。たとえば、ずば抜けて成績のよい営業マンが、上司に過大な要求を突きつけることがある。会社の規定を曲げて自分を優遇してほしいと迫るのだ。

しばらくの間は要求が通る場合もあるが、彼と同じかそれ以上に仕事ができて、しかもチームを優先する人が必ず現れる。そういう人が現れたとき、上司はわがままな部下を冷遇するだけでなく、職場から追い出してしまうかもしれない。

成績がよいときほど、謙虚に振る舞うことが大切なのである。

PART 6

「もっとできる社員」はここが違う。

97

自分の仕事に誇りを持て

どんな仕事であれ、あなたは自分の仕事に誇りを持つべきである。あなたがポジティブな自己イメージを持てば、周囲の人のあなたに対するイメージにも反映される。新入社員も重要な仕事をしている。誰かが重要な仕事だと考えたからこそ、それが存在するのだ。状況しだいでは、平社員のほうが副社長よりも重要な働きをすることがある。たとえば、真夏の日の午後、エアコンが故障したとする。事態を打開できるのが修理係しかいないなら、その人は英雄だ！

たとえ平凡な職務でも、上司の期待を上回ることによって新しい意味を持つこともある。豊かな創造性を持つ社員が平凡な仕事にとり組んで、それを重要な仕事に変えることもある。彼らの仕事ぶりがあまりにも素晴らしいので、必然的に上司の目にとまるからだ。

98

仕事に情熱を持て

大成功をおさめている人たちを観察すれば、仕事に情熱を持っているという共通点にすぐに気づくはずだ。彼らは自分の仕事を愛しているから、その情熱がその人の生産性に反映されるのである。

仕事に情熱を持つと、全身にエネルギーがみなぎり、長時間労働を可能にする。この前向きな姿勢は、好きでない仕事をしているときの気持ちとは大違いだ。実際、嫌な仕事をしていると、ストレスがたまって健康を害するおそれすらある。

ノーベル賞作家のウィリアム・フォークナーは「人間が1日に8時間もすることができる活動は仕事だけである」と書いている。1日に8時間も仕事をするのなら、何よりも好きな仕事であるべきだ。そして、**好きな仕事をするためには、好きな仕事を探すよりも、自分の今している仕事を好きになるほうが早道である。**仕事を楽しむ人は、世界で最も幸せな人だ。

99

常に前向きな姿勢であれ

ネガティブな人といっしょに仕事をしたいという人はいない。**優良企業が発展を遂げるのは、職場全体が前向きで、全社員が楽天的な気持ちで未来を切り開いているからである。**彼らは利益を生み出すことを目標に働き、目標を達成しようという意気込みにあふれている。

前向きであるべき5つの理由

1 **体内でアドレナリンが分泌され、それがさらにエネルギーを供給する**
2 **仕事がさらに楽しくなる**
3 **周囲の人を元気づけることができ、周囲の人もあなたを応援するようになる**
4 **あなたに方向性を与え、目標を達成する推進力になる**
5 **心身の健康によい**

100

仕事が楽しいことを周囲に伝えよ

仕事は順調に進んでいるだろうか？　もしそうなら、それを秘密にしてはいけない。恥ずかしがらずに、上司や同僚にそれを伝えよう。**仕事が順調で楽しいことを周囲に伝えれば、その前向きな姿勢は周囲に伝染する。**少なくとも、あなたの幸せに水を差すようなことを意識的にする人はいないはずだ。

大成功をおさめている人は、ほとんど毎日を楽しみながら過ごしている。その前向きな姿勢が、彼らの成功のおもな要因だ。

前向きな姿勢でいる人には、よいことが起こる。それがさらに、よいことにつながるのである。

101

聞き上手になれ

ほとんどの人は、コミュニケーションの達人とは話し上手な人のことだと思っている。それはある程度正しいが、話すことはコミュニケーションの一部にすぎない。聞くことも同じくらい大切なのである。実際、聞き上手になるほうが話し上手になるより大切だと主張する人もいるくらいだ。

あなたは自分の発言より他の人たちの発言から多くのことを学ぶ。そういう視点に立つと、聞き上手になることはきわめて重要だ。

相手の話にじっくり耳を傾けることは、相手への敬意とマナーのよさの証しである。会話を独占しようとせずに、相手の話をよく聞くようにすることだ。そうすれば誰もがあなたのことを魅力的な人だと思うだろう。

相手の話を途中でさえぎる人がいるが、それは悪いくせだ。自分が話す前に、ほんの0.5秒でもよいから、間を置くことを心がけよう。

＝聞き上手になる7つの方法＝

1　相手と目を合わせる
2　相手の言っていることに集中する
3　会話から何かを学ぼうという姿勢を持つ
4　情報を収集し信頼関係を築こうという気持ちで話を聞く
5　相手が欲していることと必要としていることを察知する
6　自分がしっかり聞いていることを知らせるために、相手が話しているあいだ定期的にうなずく
7　相手の話を途中でさえぎらないために、相手が話し終えてから自分が話し始めるまで、一瞬、間を置く

102

常に新しいやり方を考えよ

ある程度、私たちは習慣の生き物だ。実際、私たちが日ごろおこなっている業務の一部は、最低限の創造性や頭脳しか必要としない。しかし、そういった日常の業務の効率性を高めるために、従来とは異なる方法を考案してみよう。そうすることによって頭脳は明晰になり、仕事ぶりは向上する。

たとえば、優秀な管理職は、部下をほめるさまざまなテクニックを開発する。そうすることによって、部下のやる気を引き出すことができるからだ。

自分の仕事を興味深くすればするほど、あなたは上司の目に創造的で興味深い人物と映る。反対に、仕事に退屈している人は、その人自身が退屈な人物であるという印象を与えてしまう。

要するに、従来と異なることに挑戦し、自分の仕事を興味深いものにするよう、たゆまぬ努力をすることが大切なのである。

103

新しいアイデアに心を開け

今までどおりのやり方を続けていれば簡単だから、人びとが変化を嫌うのは当然である。たしかに、新しいことをするのはリスクをともなう。しかし、激変する今日の世界では、新しいアイデアに心を開くことは不可欠だ。

現状に甘んじている個人と企業は、自己満足におちいって敗退するおそれがある。上司があなたの閉鎖的な姿勢に気づけば、あなたを高く評価することはないだろう。変化は不可避だから、変化を嫌う人は時代遅れの人物と見られるのである。

同様に、**自分のアイデアに固執せず、他人のアイデアに心を開くことも大切だ。**あなたのアイデアがどれだけよくても、他人がもっとよいアイデアを持っていることもある。また、あなたのアイデアと他人のアイデアを組み合わせれば、さらにもっとよいアイデアが生まれる可能性もある。アイデアは人から人へと伝わって磨きがかかるものなのだ。

104

妥協することを学べ

人生には妥協が付き物だ。職場ではとくにそうである。いつも自分の思いどおりになると考えてはいけない。あなたは原理・原則を除いてほとんどの点で妥協しなければならないのだ。もっとも、あなたが社長であれば別だが。とはいえ、優秀な社長なら無分別な態度はとらないはずだ。

通常、物事をする方法はたった一つではない。自分の方法は完璧だと思っていても、それ以外の方法も存在する。**意固地になって、自分の方法だけが唯一の方法だなどと思ってはいけない。**たとえ実際にそうであっても、社長や上司や同僚がそう思わないなら、その方法ではうまくいかないだろう。

会社という場所では、誰も支持しない非凡なアイデアよりも、全員が支持する平凡なアイデアのほうが大切だ。妥協するかどうか決めるときには、このことを思い出そう。

105

時代遅れになるな

変化の激しい現代社会では、現状に満足していると時代に乗り遅れる。時代についていけるかどうかは、年齢とは必ずしも関係がない。

世の中で今起きていることを把握できていない人たちは、過去の遺物と見られる。問題は、そういう人たちが変化を拒むことだ。市場のニーズが猫の目のように変わる現代では、それは致命的な欠点である。

時代遅れな人物という印象を与えることは、是が非でも避けなければならない。いったんそういう烙印を押されてしまうと、周囲の人たちはあなたの意見を重視しなくなるからだ。

ビジネスでは、人はいつも先を見通さなければならない。したがって、時代についていくことすらできない人が、先見性のある人とみなされることはまずありえない。

106

一層の努力をせよ

残念なことだが、「それは私の仕事ではない」という姿勢は、今日のビジネス社会に蔓延している。自分の仕事を維持するためにしなければならないことはするけれど、それ以上のことはほとんどしない人がたいへん多いのが実情だ。

しかし、他の人たちから抜きん出たいなら、一層の努力を常にするつもりでいることを上司に示すべきだ。**給料以上の仕事をする頼りになる人物であることを行動で示すのだ。**たとえ超過勤務をしなければならなくても、会社と顧客のためなら最大限の努力をする人物という評価を確立しよう。

今日の厳しい競争社会では、職務として定められたことをするだけでは不十分である。たしかにそれでも給料はもらえるが、できる社員になるためには、与えられた仕事にいつも全力を傾注する人物という評判を得ることが必要だ。しかも、いったん仕事にとりかかったら、あきらめずにがんばりぬくことが非常に大切なのだ。

107

自分の価値を信じよ

あなたが自分の価値を信じるなら、他の人たちもあなたの価値を信じるようになる。しかし、あなたが自分の価値を信じないなら、他の人たちもあなたの価値を信じない。**ポジティブであれネガティブであれ、人びとはあなたの自己イメージをそのまま反映する。**

長期的な成功をおさめるためには高い自尊心が不可欠だ。たしかに謙虚さは美徳かもしれないが、あまりにも謙虚になると自分を卑下して自滅してしまうおそれがある。誰かからほめられたときは、喜んでそれを受け入れることだ。

108

よく働いたら、よく遊べ

仕事が終われば競争モードから遊びモードに切り替えて、疲れた心を癒そう。遊ぶことによって心を解き放つと、脳にポジティブな作用を及ぼして、さらに多くのエネルギーをつくり出す。このことはすでに証明されているとおりである。

遊びは時間の無駄ではない。遊びの時間を設定することによって、リラックスし、元気を回復することができる。**あなたはさらに創造的になり、新しい解決策を見つけ、問題をチャンスとみなすことができる。**

仕事は、家族を養い、質の高い時間をいっしょに過ごすための手段でもある。それなのに、仕事にのめりこみすぎると、家族をなおざりにすることになる。

あなたが過労のためにうつ状態におちいりでもしたら、結局、家族にも会社にも迷惑をかけることになるのである。

109

人生は公平ではないことを理解せよ

まだ気づいていないのだったら、人生は公平ではないことをしっかり理解しよう。ビジネスの世界でも不公平なことがよく起こるから、そのつもりでいてほしい。職場の全員が勝つチャンスを平等に与えられているわけではない。ビジネスは民主的ではないのだ。たとえば、自分より力量の劣る人が先に昇進することもよくある。しかし、それが現実なのである。

学ぶべき大切な教訓は、誰でも不公平な状況に遭遇するということだ。大きな不幸に見舞われる人もいる。これだけはどうしようもない。不公平なことが自分の身に起こったら、わが身の不幸を嘆くのではなく、気をしっかり持ってそれを受け入れるべきだ。

大切なのは、不公平な出来事にどう対処するかだ。あなたが挫折を乗り越えることができるなら、上司はそれを強者の証しとして高く評価するはずである。

110

くじけずに失敗を受け入れよ

絶対に失敗しない人とは、リスクをとらない人のことである。リスクをとる人は、何度か失敗を経験するものだ。一般に、最大のリスクをとる人は、最大の収穫を得る。

失敗が好きな人はいないが、成功者は、失敗が戦いの一部であることを理解している。彼らは失敗を受け入れ、やり方を変えて、成功の方法を考えるのである。

偉大な業績をあげる人は、成功するまでに何度も失敗する。すぐにあきらめてしまうような人は、絶対に成功しない。

また、成功者は批判されてもくじけない。当然、的外れな批判や辛らつな批判もある。しかし、成功者はそれをものともしない。彼らは自分のしていることに信念を持ち、自分の能力に自信を持っているからだ。

仕事で失敗したり、昇進できなかったり、提案を拒絶されたりしたときは、それを一つの通過点と考えよう。大切なのは、そこから教訓を学び、努力を継続することである。

編集部あとがき

本書はアメリカに本社を置く世界最大の人材紹介会社マネジメント・リクルーターズ・インターナショナルの創業者でありCEOをつとめるアラン・ションバーグ氏による著書 169 WAYS TO SCORE POINTS WITH YOUR BOSS（1998年刊行）の翻訳で、2004年に小社から『1分間で「できる社員」になる111のヒント』として出版されたものを改題・再編集したものです。

原題を直訳すると『上司の点数を稼ぐ169の方法』となり、あまりに身も蓋もない感じがあります。しかし実際に読んでみると、著者が提案しているのは上司に取り入るとかへつらうといった卑小な事柄ではまったくありません。非常に真っ当な、会社で働く人なら誰でも当然実行すべきことばかりだというのがおわかりになるでしょう。

「服装は自分の趣味でなく職場に合わせよ」
「会社のお金を浪費するな」
「上司の話はメモをとりながら聞け」
「仕事は自分から買って出よ」

「自分のミスを認めよ」

「利益を追求せよ」

これらの項目を実践することによって、会社に貢献することができ、その結果、上司の評価も上がって、昇給や昇進につながるというのが著者の意図なのです。

独立や起業をめざし、会社の中での昇進などを目的としていない読者であっても、ここに書かれていることは、自立した有能なビジネスパーソンとして当然おこなうべきことだと思います。


ションバーグ氏は「人材を見抜くプロフェッショナル」です。長年にわたる人材紹介という仕事および経営者としてのみずからの経験に加え、「はじめに」にもあるように、自分の会社の社員たちや、多くの企業の人事担当者たちの意見を集めて本書を執筆したそうです。豊富なデータと知識に基づいているだけに、必要な事項はすべて網羅され、各項目の簡潔な記述の裏に深い含蓄が感じられます。

そして、本書はアメリカの企業で働く人びとのデータによって書かれアメリカで出版されたのにもかかわらず、内容は日本の多くの企業で求められている社員像に一致しています。原書の169項目から、日本の事情に合わない部分を除いて翻訳しているとはいえ、意外なほどです。会社で働くうえで本当に大切なことは、きっと万国共通だということなのでしょう。

本書は入社したばかりの新人から管理職まで、会社で働く人なら誰でも、読んで必ず得るところがあると思います。一つひとつの項目は題名通り常識といえるもので、「今さら言われなくても」とおっしゃる読者もいらっしゃるでしょうが、全項目を本当に実行できている人がどれだけいるでしょうか。これらを常に心がけ行動につなげれば、社内で認められることは疑いありません。

また、上司といわれる立場にある方々の中には、部下に対して日ごろ「こうしてくれればいいのに」と感じていることが次々と出てきて「我が意を得たり」と思われる方も多いことでしょう。新入社員や入社数年の社員にとって最適な「会社員の教科書」として、ぜひ部下の方々にお薦めください。

お読みくださったすべての方に本書が役立ちますことを願っております。

2017年3月

編集部

研修では教えてくれない
会社で働く人の常識 110

発行日　2017年　4月　20日　第1刷

Author　アラン・ションバーグ

Translator　弓場隆

Book Designer　鈴木大輔・江﨑輝海（ソウルデザイン）

Publication　株式会社ディスカヴァー・トゥエンティワン
〒102-0093　東京都千代田区平河町 2-16-1 平河町森タワー 11F
TEL　03-3237-8321（代表）
FAX　03-3237-8323
http://www.d21.co.jp

Publisher　干場弓子
Editor　藤田浩芳

Marketing Group
Staff　小田孝文　井筒浩　千葉潤子　飯田智樹　佐藤昌幸　谷口奈緒美　西川なつか　古矢薫　原大士
蛯原昇　安永智洋　鍋田匠伴　榊原僚　佐竹祐哉　廣内悠理　梅本翔太　奥田千晶　田中姫菜　橋本莉奈
川島理　渡辺基志　庄司知世　谷中卓　小田木もも

Productive Group
Staff　千葉正幸　原典宏　林秀樹　三谷祐一　石橋和佳　大山聡子　大竹朝子　堀部直人　林拓馬
塔下太朗　松石悠　木下智尋

E-Business Group
Staff　松原史与志　中澤泰宏　中村郁子　伊東佑真　牧野類

Global & Public Relations Gvroup
Staff　郭迪　田中亜紀　杉田彰子　倉田華　鄧佩妍　李瑋玲　イエン・サムハマ

Operations & Accounting Group
Staff　山中麻吏　吉澤道子　小関勝則　池田望　福永友紀

Assistant Staff　俵敬子　町田加奈子　丸山香織　小林里美　井澤徳子　藤井多穂子　藤井かおり
葛目美枝子　伊藤香　常徳すみ　鈴木洋子　住田智佳子　内山典子　谷岡美代子　石橋佐知子　伊藤由美
押切芽生

DTP　株式会社明昌堂
Printing　中央精版印刷株式会社

ISBN978-4-7993-2060-0